가사체
금강경

가사체 금강경

즐겁게 부르자 행복의 노래 Ⅰ

무비 스님 · 대심거사 조현춘 공역

운주사

역자 서문

'사람은 어떻게 살아야 하는가?'

이 질문은 인간이 그 역사를 시작하면서부터 품어온 인간존재에 대한 본질적인 문제일 것입니다. 이것은 매우 어려운 문제지만 그러나 쉽게 대답할 수 있는 말은 '사람으로서 가장 사람답게 사는 일'이라고 할 수 있을 것입니다. 그렇습니다. 사람인 이상 무엇보다도 중요하며 우선해야 할 일이 있다면 그것은 사람으로서 가장 사람답게 사는 일입니다.

그렇다면 어떻게 사는 것이 사람으로서 가장 사람답게 사는 일이겠습니까? 이 문제에 대한 올바른 길을 제시하기 위해서 그동안 수많은 현철들이 세상에 오시어 많은 가르침들을 남겨 놓았습니다. 불교 역시 사람이 사는 올바른 길을 위한 팔만사천의 가르침을 제시하고 있습니다.

기계문명의 발달로 인하여 물질을 누리는 삶은 눈부시게 풍요롭고 편리하게 되었으나 '사람으로서 진정 사람답게 사는 것이 무엇인가?'라는 문제에서는 실로 그 의문이 적지 않습니다. 이번에 중요 불교 경전을 공역한 대심거사 조현춘 교수님은 심리학을 연구하여 후학들을 가르치는 한편, 행복훈련원을 세워 많은 사람들에게 행복의 길을 안내하는 참으로 소중한 일을 하시는 분입니다. 더구나 근래에는 부처님의 가르침에 심취하여 '화엄경과 화이트헤드'를 공부하는 모임을 지도하고 있습니다. 이 모임을 통해 부처님의 진리, 즉 '사람이 어떻게 하면 진정 사람답게 사는가?'라는 문제의 해답을 한글세대들의 언어로 제시하고 있습니다. 지금까지 번역한 '한글세대를 위한 독송용 ①지장경, ②관음경, ③불유교경, ④백팔대참회문, ⑤금강경, ⑥아미타경, ⑦보현행원품, ⑧예불문·천수경, ⑨일반법회, ⑩매일법회, ⑪한글-영어-한자 금강경'에 이어 '즐겁게 부르자 행복의 노래 ①가사체 금강경, ②가사체 반야심경(사경용), ③가사체 부모은중경'를 준비하였습니다.

　모쪼록 참 진리인 부처님 말씀을 한글다운 한글로 읽고, 그 인연공덕으로 삶의 의미를 깨닫게 되기를 바랍니다.

불기 2556년 如天 無比

일러두기

1. 범본·한자본·티베트본 등 오래된 금강경 10여 권을 두고 완전한 금강경으로 복원하였습니다.
2. 일차로 한글 번역을 하였고, 이차로 가사체 번역을 하였습니다.
3. 간단한 용어해설은 각주로 제시하고, 긴 설명은 용어해설로 제시하였습니다.
4. 장과 절을 구분하여 독송이나 토론 혹은 연구를 용이하게 하였습니다. 예를 들어 ① ② ③ 등은 절을 말합니다.

입으로 지은 업을 씻어내는 진언

수리수리 마하수리 수수리 사바하(세번)

주위의 신들을 안위하는 진언

나무 사만다 못다남 옴 도로도로 지미
사바하(세번)

경전 독송 전의 게송

높디높고 깊디깊은 부처님말씀
백천만겁 지나가도 듣기힘든데
제가지금 보고들어 지니었으니
부처님의 진실한뜻 이루럽니다.

경전 독송 전의 진언

옴 아라남 아라다(세번)

1장: 설법의 배경

①

부처님이 일천이백 오십명의 스님들과
많디많은 보살들과 어느날~ 사위국의
기원정사 계시면서 다음같이 하시는걸
제가직접 들었으며 제가직접 봤습니다.[1]

②

부처님은 아침일찍 가사입고 발우들고
사위성에 들어가서 탁발하여[2] 공양하고
기원정사[3] 돌아와서 가사발우 거두시고
발을씻고 사자좌에 오르시어 가부좌로
반듯하게 앉으시어 마음챙기 셨습니다.

---

1 육하원칙, 다이아몬드(육성취): 부처님의 가르침에 따라, 경전은 원칙적으로 다이아몬드 육하원칙으로 시작되어야 합니다. (1) 누가; 부처님께서, (2) 누구와; 일천이백오십 명의 스님들과 많디많은 보살들과, (3) 언제; 어느 날, (4) 어디서; 사위국의 기원정사에 계시면서, (5) 어떻게 하는 것을; 다음과 같이 하시는 것을, (6) 누가 듣고 보았는가; 제가 직접 들었으며, 제가 직접 봤습니다.

*폐기된 육하원칙은 '언제, 어디서, 누가, ~~무엇을~~, 어떻게, ~~왜~~'입니다.

2 탁발: 수행자들이 규칙에 따라 차례대로 '음식이나 재물을 보시하도록 하는 행동'을 말합니다.

3 기원정사: 사위성에서 남쪽으로 2킬로미터 정도 떨어진 곳에 있는 절입니다.

③
이때에~ 스님들이 부처님께 다가가서
부처님의 양쪽발에 이마대어 예경하고
부처님을 세번돌고[4] 모두앉으 셨습니다.

---

4 세번돌고: 정면에서 합장공경한 후 '오른 어깨를 부처님 쪽으로 향하면서' 부처님을 세 번
  도는 것입니다.

2장: 설법을 청함

①

수보리~ 장로님이[5] 자리에서 일어나서

오른어깨 드러내고 오른무릎 땅에꿇고

합장하고 부처님께 말씀드리 셨습니다.

②

거룩하신 부처님~ 정말대단 하십니다.

부처님은 보살들을[6] 참으로잘 보살피고

보살들을 참으로잘 가르치고 계십니다.

③

거룩하신 부처님~ 거룩하신 부처님~

보살의길 가려하는 선남자와 선여인은

어떻게~ 발원하고 어떻게~ 수행하며

어떻게~ 자기마음 다스려야 하옵니까?

④

수보리~ 장로님~ 수보리~ 장로님~

---

5 장로: 지혜와 복덕이 높은 사람을 말합니다.

6 보살: 산스끄리뜨어 '보리 살으바'의 준말입니다. 최고의 바른 깨달음을 이루려는 마음을 낸
  사람을 말합니다.

참으로~ 옳습니다 장로님의 말씀대로
여래는~ 보살들을 참으로잘 보살피고
보살들을 참으로잘 가르치고 있습니다.
⑤
수보리~ 장로님~ 말씀드리 겠습니다.
보살의길 가려하는 선남자와 선여인은
어떻게~ 발원하고 어떻게~ 수행하며
어떻게~ 자기마음 다스려야 하는지를
장로님을 위하여서 말씀드리 겠습니다.
⑥
거룩하신 부처님~ 말씀하여 주십시오.
저희들을 위하여서 말씀하여 주십시오.

①
수보리~ 장로님~ 수보리~ 장로님~
보살의길 가려하는 선남자와 선여인은
'일체중생 열반으로 내가모두 제도한다'
'알로생긴 중생이나 태로생긴 중생이나
습기에서 생긴중생 변화하여 생긴중생
형상있는 중생이나 형상없는 중생이나
생각있는 중생이나 생각없는 중생이나
생각이~ 있다없다 할수없는 중생들을
고통없고 행복가득 무여열반 이르도록
한중생도 빠짐없이 내가모두 제도한다'
이와같은 큰발원을 해야하는 것입니다.
②
이리하여 무량중생 열반으로 제도하되
중생제도 하였다고 생각하면 안됩니다.

③
수보리~ 장로님~ 수보리~ 장로님~
중생제도 하였다고 생각하는 보살들은
참~된~ 보살이라 말할수가 없습니다.
④
수보리~ 장로님~ 자기중심 인간중심
중생중심 생명중심 생각하는 보살들은
참~된~ 보살이라 말할수가 없습니다.

4장: 걸리지 않는 보시

①

수보리~ 장로님~ 보살들은 어디에도
안걸리는 보시행을[7] 해야하는 것입니다.

②

형상소리 냄새맛촉 현상들~[8] 어디에도
안걸리는 보시행을 해야하는 것입니다.

③

수보리~ 장로님~ 참~된~ 보살들은
보시하되 보시했다 생각하지 않습니다.

④

보시하되 보시했다 생각하지 아니하는
보살들이 짓는복은[9] 한량없이 많습니다.

⑤

수보리~ 장로님~ 어찌생각 하십니까?
동방허공[10] 크기를~ 상상할수 있습니까?

---

7 보시: 다른 이에게 필요한 것을 자발적으로 주는 것을 말합니다. 재시, 법시, 무외시 등의
　　보시가 있습니다.

8 현상: 여기서는 각자의 '주관적 생각' 혹은 '자기만의 진리'를 말합니다.

9 복: 복은 짓는 복, 지어놓은 복, 누리는 복으로 구분할 수 있습니다.

10 동방: 현재 한국에서는 동서남북의 순서로 말하지만 옛날 인도에서는 동남서북의 순서로

⑥
아닙니다 부처님~ 상상하지 못합니다.
⑦
수보리~ 장로님~ 수보리~ 장로님~
서남북방 동남동북 서남서북 아래위~
허공들의 크기를~ 상상할수 있습니까?
⑧
아닙니다 부처님~ 상상하지 못합니다.
⑨
수보리~ 장로님~ 수보리~ 장로님~
보시하되 보시했다 생각하지 아니하는
보살들이 짓는복도 상상할수 없습니다.
⑩
수보리~ 장로님~ 참~된~ 보살들은
보시하되 보시했다 생각하지 않습니다.

말하였습니다.

5장: 상호와 부처님

①

수보리~ 장로님~ 어찌생각 하십니까?

부처님의 거룩한~ 상호들을[11] 다갖추면

부처라고 말할수가 있다생각 하십니까?

②

아닙니다 부처님~ 부처상호 갖췄다고

반드시~ 부처라고 말할수는 없습니다.

③

갖추어도 갖추었다 생각하면 안됩니다.

④

수보리~ 장로님~ 갖추었다 생각하면

제대로~ 갖추었다 말할수가 없습니다.

부처상호 갖추고도 갖추었다 아니해야

참으로~ 갖추었다 말할수가 있습니다.

부처상호 갖추고도 갖추었다 아니해야

참~된~ 부처라고 말할수가 있습니다.

---

11 상호: 부처님이 되면 가지게 되는 부처님의 특징들(32상, 80종호 등)을 말합니다.

6장: 뗏목의 비유

①

거룩하신 부처님~ 거룩하신 부처님~

미래에도 이법문을 믿을중생 있습니까?

②

수보리~ 장로님~ 그런말씀 마십시오.

여래가~ 열반한후 오백년이 지나가도

계지키고 복을짓는 지혜로운 사람들은

이법문을 참되다며 깊이믿을 것입니다.

③

한부처님 앞에서만 선근심지 아니하고

백천만의 부처님들 앞에서도 선근심은

사람들은 이법문을 깊이믿을 것입니다.

④

수보리~ 장로님~ 수보리~ 장로님~

여래는~ 모두알고 모두보고 있습니다.

이런사람 짓는복은 한량없이 많습니다.

⑤

이런사람 자기중심 인간중심 중생중심
생명중심 생각들을 하지않을 것입니다.
⑥
이런사람 법중심~ 생각하지 아니하고,
생각하지 않는다는 생각조차 않습니다.
⑦
법중심~ 생각해도 자기중심 인간중심
중생중심 생명중심 생각하는 것입니다.
법중심~ 생각하지 아니한다 생각해도
자기중심 인간중심 중생중심 생명중심
생각하는 것이라고 말할수가 있습니다.
⑧
보살들은 법중심~ 생각하지 아니하고
생각하지 않는다는 생각조차 않습니다.
⑨
여래말을 뗏목같이 여기도록 하십시오.
법중심~ 생각에도 걸리지~ 아니하고
걸리지~ 않는다는 생각도~ 마십시오.

①

수보리~ 장로님~ 어찌생각 하십니까?

'최고바른 깨달음을 온전하게 이루었다'

여래가~ 이런생각 한다할수 있습니까?

'부처님의 거룩한법 널리널리 전하였다'

여래가~ 이런생각 한다할수 있습니까?

②

거룩하신 부처님~ 거룩하신 부처님~

제가지금 부처님의 말씀이해 하기로는

'최고바른 깨달음을 온전하게 이루었다'

부처님은 그런생각 하시지~ 않습니다.

'부처님의 거룩한법 널리널리 전하였다'

부처님은 그런생각 하시지~ 않습니다.

③

이루었다 생각도~ 부처님은 않으시고

전하였다 생각도~ 부처님은 않습니다.

④
부처님은 법에도~ 걸리지~ 않으시고
걸리지~ 않는다는 생각도~ 않습니다.
⑤
내자신은 하였다는 생각에서 벗어나야
참~된~ 성현이라 말할수가 있습니다.

8장: 금강경과 바른 깨달음

①

수보리~ 장로님~ 어찌생각 하십니까?

삼천대천 세계만큼[12] 금은보화 보시하는

사람들이 짓게되는 복덕들은 많습니까?

②

많습니다 부처님~ 그렇지만 말씀하신

많은복을 짓고서도 지었다고 아니해야

참으로~ 지었다고 말할수가 있습니다.

③

수보리~ 장로님~ 이법문의 사구게를[13]

하나라도 받아지녀 널리널리 전해주는

사람들이 짓는복이 훨씬더~ 많습니다

④

수보리~ 장로님~ 수보리~ 장로님~

일체모든 부처님의 최고바른 깨달음은

---

12 삼천대천세계: 인간이 인식할 수 있는 우주의 1,000,000,000,000,000,000배 되는 세계를 말합니다.

13 사구게: 사구게에 대해서는 여러 설이 있으나 26장과 32장의 사구게는 모두 인정합니다.

이경에서 나왔다고 말할수가 있습니다.
⑤
수보리~ 장로님~ 부처님의 바른법을
깨닫고도 깨달았다 생각하지 아니해야
참으로~ 깨달았다 말할수가 있습니다.

①

수보리~ 장로님~ 어찌생각 하십니까?

'나는이제 수다원을 온전하게 이루었다'

수다원이 이런생각 한다할수 있습니까?

②

아닙니다 부처님~ 그리생각 않습니다.

세상흐름 뛰어넘은 수다원을 이루고도

수다원을 이루었다 생각하지 아니해야

참으로~ 이루었다 말할수가 있습니다.

형상소리 냄새맛촉 현상들을 빠짐없이

모두뛰어 넘었다고 생각하지 아니해야

수다원을 이루었다 말할수가 있습니다.

③

수보리~ 장로님~ 어찌생각 하십니까?

'나는이제 사다함을 온전하게 이루었다'

사다함이 이런생각 한다할수 있습니까?

④
아닙니다 부처님~ 그리생각 않습니다.
세상으로 한번만올 사다함을 이루고도
사다함을 이루었다 생각하지 아니해야
참으로~ 이루었다 말할수가 있습니다.
⑤
수보리~ 장로님~ 어찌생각 하십니까?
'나는이제 아나함을 온전하게 이루었다'
아나함이 이런생각 한다할수 있습니까?
⑥
아닙니다 부처님~ 그리생각 않습니다.
세상으로 안돌아올 아나함을 이루고도
아나함을 이루었다 생각하지 아니해야
참으로~ 이루었다 말할수가 있습니다.
⑦
수보리~ 장로님~ 어찌생각 하십니까?
'나는이제 아라한을 온전하게 이루었다'

아라한이 이런생각 한다할수 있습니까?
⑧
아닙니다 부처님∼ 그런생각 아니해야
참으로∼ 이루었다 말할수가 있습니다.
⑨
거룩하신 부처님∼ 거룩하신 부처님∼
아라한을 이루었다 생각하는 아라한은
자기중심 인간중심 중생중심 생명중심
생각들에 걸려있다 말할수가 있습니다.
⑩
거룩하신 부처님∼ 거룩하신 부처님∼
‘참으로∼ 평화롭게 살고있는 아라한∼’
‘탐욕에서 벗어나서 자유로운 아라한∼’
부처님은 저를보고 그리말씀 하셨으나
‘탐욕에서 벗어나서 아라한을 이루었다’
제자신은 그러한∼ 생각아니 했습니다.

⑪
거룩하신 부처님~ 거룩하신 부처님~
아라한을 이루었다 제가생각 했더라면
'참으로~ 평화롭게 살고있는 아라한~'
부처님이 제게말씀 않으셨을 것입니다.
⑫
아라한을 이루었다 제가생각 않았기에
'참으로~ 평화롭게 살고있는 아라한~'
부처님이 제게말씀 하시었던 것입니다.

①
수보리~ 장로님~ 어찌생각 하십니까?
과거연등 부처님을 모시고~ 있을때에
'다음생에 최고바른 깨달음을 이룰거라'
여래가~ 생각했다 말할수가 있습니까?

②
아닙니다 부처님~ 그리생각 않습니다.
과거연등 부처님을 모시고~ 계실때에
'다음생에 최고바른 깨달음을 이룰거라'
부처님은 그렇게~ 생각않으 셨습니다.

③
수보리~ 장로님~ '불국토를 장엄했다'
여래가~ 이런생각 한다하는 보살들은
바른말을 하고있다 말할수가 없습니다.

④
불국토를 장엄하되 장엄했다 아니해야
참으로~ 장엄했다 말할수가 있습니다.

⑤

수보리~ 장로님~ 일체모든 보살들은

깨끗하고 맑은마음 청정심을 갖습니다.

형상소리 냄새맛촉 현상들에 안걸리며

어디에도 안걸리는 청정심을 갖습니다.

⑥

수보리~ 장로님~ 수보리~ 장로님~

수미산과[14] 같은사람 어찌생각 하십니까?

존귀하다 말할수가 있다생각 하십니까?

⑦

거룩하신 부처님~ 거룩하신 부처님~

매우매우 존귀하게 보일수도 있지마는

스스로~ 존귀하다 생각하지 아니해야

참으로~ 존귀하다 말할수가 있습니다.

---

14 수미산: 세상의 중앙에 있는 산, 세상에서 가장 큰 산을 말합니다.

①

수보리~ 장로님~ 어찌생각 하십니까?

강가강에[15] 있는모든 모래알과 같은수의

강가강의 모래수는 많다할수 있습니까?

②

많습니다 부처님~ 매우매우 많습니다.

강가강의 모래알도 셀수없이 많은데~

그만큼의 강가강에 있는모든 모래수는

상상조차 못할만큼 매우매우 많습니다.

③

수보리~ 장로님~ 진실말씀 드립니다.

그모든~ 강가강의 모래알과 같은수의

세계들을 채울만큼 금은보화 보시하는

선남자와 선여인이 짓는복은 많습니까?

---

15 강가강: 강가는 인도의 원래 발음, 갠지스는 영미식 발음, 항하는 중국식 음사에 대한 한국식
    발음입니다.

④
많습니다 부처님~ 매우매우 많습니다.
⑤
수보리~ 장로님~ 수보리~ 장로님~
이법문의 사구게를 하나라도 받아지녀
널리널리 전해주는 선남자와 선여인이
짓는복이 그보다도 훨씬더~ 많습니다.

①

수보리~ 장로님~ 수보리~ 장로님~

이법문의 사구게를 하나라도 전해주면

온세상의 하느님과[16] 사람들과 아수라가[17]

부처님의 탑에하듯 공양올릴 것입니다.

②

하물며~ 이법문을 받아지녀 독송하며

전해주며 짓는복은 상상조차 못합니다.

③

수보리~ 장로님~ 수보리~ 장로님~

이사람이 짓는복은 참으로~ 많습니다.

④

이법문이 전해지고 있는곳은 어디에나

부처님과 제자들이 항상함께 계십니다.

---

16 하느님: 하늘 세상에는 많은 하느님들이 살고 있습니다. 하느님도 역시 육도윤회 중생입니다.

17 아수라: 장난을 좋아하는 신을 말합니다. 장난을 좋아하다보니 싸움을 좋아하는 신으로 오해받기도 합니다.

13장: 금강경을 받아 지니는 법

①

거룩하신 부처님~ 이경이름 무엇이며

어떻게~ 받들어~ 지니어야 하옵니까?

②

수보리~ 장로님~ 수보리~ 장로님~

이경이름 금강반야 바라밀경 이라하며

다음같이 받들어~ 지니어야 하옵니다.

③

수보리~ 장로님~ 금강반야 바라밀을[18]

수행하되 수행했다 생각하지 아니해야

참으로~ 수행했다 말할수가 있습니다.

④

수보리~ 장로님~ 어찌생각 하십니까?

'부처님의 거룩한법 널리널리 전하였다'

여래가~ 이런생각 한다할수 있습니까?

---

[18] 반야바라밀: 반야는 참다운 진리에 부합하는 최상의 지혜를 말하고, 바라밀은 완성을 뜻합니다.

⑤
아닙니다 부처님~ 그리생각 않습니다.
부처님은 그런생각 하시지~ 않습니다.
⑥
수보리~ 장로님~ 어찌생각 하십니까?
삼천대천 세계이룬 티끌들은 많습니까?
⑦
많습니다 부처님~ 그렇지만 말씀하신
많은티끌 보면서도 실체라고 아니봐야
참으로~ 본다고~ 말할수가 있습니다.
⑧
세계들을 보면서도 실체라고 아니봐야
참으로~ 본다고~ 말할수가 있습니다.
⑨
수보리~ 장로님~ 어찌생각 하십니까?
서른둘의 거룩한~ 상호들을[19] 다갖추면
부처라고 말할수가 있다생각 하십니까?

____

19 서른둘의 거룩한 상호: 삼십이상이라고도 합니다.

⑩
아닙니다 부처님~ 그리생각 않습니다.
서른둘의 거룩한~ 상호들을 갖췄다고
반드시~ 부처라고 말할수는 없습니다.
⑪
서른둘의 거룩한~ 상호들을 갖추어도
상호들을 갖추었다 생각하지 아니해야
참으로~ 갖추었다 말할수가 있습니다.
⑫
수보리~ 장로님~ 강가강의 모래만큼
여러차례 자기몸을 보시하는 복보다도
이법문의 사구게를 하나라도 받아지녀
전해주며 짓는복이 훨씬더~ 많습니다.

①

부처님의 법문듣고 감격눈물 흘리면서,

수보리~ 장로님이 말씀드리 셨습니다.

②

거룩하신 부처님~ 정말대단 하십니다.

부처님은 심오한법 설해주시 었습니다.

③

부처님의 법문듣고 지혜의눈[20] 떴습니다.

④

이런법문 단한번도 들어본적 없습니다.

⑤

거룩하신 부처님~ 이법문을 이해하는

사람들이 짓는복은 참으로~ 많습니다.

⑥

거룩하신 부처님~ 거룩하신 부처님~

이법문을 이해하되 이해했다 아니해야

참으로~ 이해했다 말할수가 있습니다.

---

20 지혜의 눈: 18장(55쪽)에 있듯이 하늘의 눈보다 더 발달된 눈입니다.

⑦
거룩하신 부처님~ 제가지금 이법문을
이해하고 지니는건 어렵지가 않지마는
후오백년 이법문을 이해하고 받아지녀
독송하고 널리널리 설법하여 전해주는
사람들이 짓는복은 참으로~ 많습니다.
⑧
이러한~ 사람들은 자기중심 인간중심
중생중심 생명중심 생각않을 것입니다.
⑨
이러한~ 사람들은 자기중심 인간중심
중생중심 생명중심 생각들을 보면서도
실체라고 생각하지 아니할~ 것입니다.
⑩
모든생각 벗어나서 부처가될 것입니다.
⑪
수보리~ 장로님~ 참으로~ 옳습니다.
이경듣고 놀라거나 두려워~ 하지않는

사람들이 짓는복은 참으로~ 많습니다.
⑫
수보리~ 장로님~ 바라밀을 매우잘~
수행하되 수행했다 생각하지 아니해야
참으로~ 수행했다 말할수가 있습니다.
⑬
수보리~ 장로님~ 인욕수행 하면서도
인욕수행 하였다고 생각하면 안됩니다.
⑭
수보리~ 장로님~ 수보리~ 장로님~
가리왕이[21] 여래몸을 베고찢고 할때에~
그때에도 여래는~ 자기중심 인간중심
중생중심 생명중심 생각아니 했습니다.
⑮
여래몸이 마디마디 베이고~ 찢길때에
그때에~ 여래가~ 자기중심 인간중심

---

21 가리왕: 시기와 질투를 가누지 못해서 '조용히 수행하고 설법하는 인욕선인'의 코·귀·손·발을
자른 잔인한 왕입니다.

중생중심 생명중심 생각들을 했더라면
여래도~ 성을내고 원망했을 것입니다.
⑯
수보리~ 장로님~ 수보리~ 장로님~
인욕수행 하고있던 오백생애 동안에~
그때에도 여래는~ 자기중심 인간중심
중생중심 생명중심 생각아니 했습니다.
⑰
수보리~ 장로님~ 온갖생각 벗어나서
최고바른 깨달음을 온전하게 이루려는
큰마음을 보살들은 내야하는 것입니다.
⑱
형상소리 냄새맛촉 현상들에 안걸리는
큰마음을 보살들은 내야하는 것입니다.
⑲
어디에도 안걸리는 큰마음을 내야하며
아주작은 걸림에도 걸리면~ 안됩니다.

⑳
보살들은 형상소리 냄새맛촉 현상들에
안걸리는 보시행을 해야하는 것입니다.
㉑
수보리~ 장로님~ 보살들은 모든중생
이롭게~ 하기위해 보시하는 것입니다.
㉒
보시하되 보시했다 생각하면 아니되고
모든중생 위하였다 생각하면 안됩니다.
㉓
수보리~ 장로님~ 여래는~ 당연히~
참된말과 바른말과 옳은말만 말합니다.
속이는말 아니하고 헛된말을 안합니다.
㉔
수보리~ 장로님~ 여래는~ 부처님법
깨닫고도 깨달았다 생각하지 아니하고,
생각하지 않는다는 생각조차 않습니다.
㉕
수보리~ 장로님~ 눈이밝은 사람들도

어두운~ 밤중에는 아무것도 볼수없듯
보시하는 보살들도 걸려있는 마음으론
제대로~ 복덕들을 지을수가 없습니다.
㉖
수보리~ 장로님~ 눈이밝은 사람들도
빛이있는 낮이라야 여러모습 볼수있듯
보시하는 보살들도 마음이~ 안걸려야
참으로~ 복덕들을 지을수가 있습니다.
㉗
수보리~ 장로님~ 부처님의 지혜로써
여래는~ 모두알고 모두보고 있습니다.
이법문을 받아지녀 독송하며 전해주는
선남자와 선여인이 짓게되는 복덕들은
헤아릴수 없을만큼 한량없이 많습니다.

①
수보리~ 장로님~ 백천만억 겁동안을[22]
매일매일 아침에도 한낮에도 저녁에도
강가강의 모래만큼 여러차례 자기몸을
보시하는 사람들이 짓게되는 복보다도
이법문을 듣고서~ 비방않는 사람들이
짓게되는 복덕들이 훨씬더~ 많습니다.

②
하물며~ 이법문을 사경하고 받아지녀
독송하고 널리널리 전해주는 복덕이랴!

③
수보리~ 장로님~ 이법문의 복덕들은
헤아릴수 없을만큼 한량없이 많습니다.

④
이법문은 대승의길[23] 가는사람 위하여서

---

22 겁: 매우 긴 세월의 단위입니다.

23 대승: 대승에 대해서는 여러 별칭, 즉 최상승, 최승승 등이 있습니다.

최상승길 가는사람 위하여서 설합니다.
⑤
이법문을 받아지녀 독송하며 설해주면
여래는~ 모두알고 모두보고 있습니다.
이런사람 짓는복은 끝도없이 많습니다.
헤아릴수 없을만큼 한량없이 많습니다.
⑥
최고바른 깨달음을 이루게될 것입니다.
⑦
수보리~ 장로님~ 수보리~ 장로님~
믿는마음 부족하여 자기중심 인간중심
중생중심 생명중심 생각하는 사람들은
이법문을 받아지녀 독송하지 못합니다.
널리널리 설법하여 전해주지 못합니다.
⑧
수보리~ 장로님~ 이법문이 있는곳은
온세상의 하느님과 사람들과 아수라가

부처님의 탑에하듯 공양올릴 것입니다.
예경하며 꽃과향을 올리게될 것입니다.

부처님의 탑에하듯 공양올릴 것입니다.

16장: 전생 죄업을 씻음

①
수보리~ 장로님~ 이법문을 받아지녀
독송하며 널리널리 전하여~ 주면서도
천대받는 선남자와 선여인이 있습니다.
이들은~ 전생지은 죄업으로 인하여서
다음생에 삼악도에 떨어질~ 사람인데
이생에서 남들에게 약간천대 받음으로
전생죄업 소멸하고 깨달음을 이룹니다.
②
수보리~ 장로님~ 수보리~ 장로님~
여래가~ 과거연등 부처님을 모시기전,
여래는~ 백천만억 아승기겁 동안에~
팔만사천 만억나유 부처님을 친견하며
빠짐없이 정성다해 섬겼던일 있습니다.
③
그렇지만 말법세상 이법문을 받아지녀

독송하고 전해주며 짓는복에 비교하면
여래가~ 그모든~ 부처님께 공양하고
예경하여 지은복은 백분의일 천분의일
만억분의 일에조차 미치지~ 못합니다.
숫자로는 비교조차 할수가~ 없습니다.
④
수보리~ 장로님~ 수보리~ 장로님~
말법세상 이법문을 받아지녀 독송하며
널리널리 전해주는 선남자와 선여인이
짓게되는 복덕들을 여래가~ 다말하면
사람들은 믿지않고 혼란해할 것입니다.
⑤
수보리~ 장로님~ 이법문의 복덕들은
헤아릴수 없을만큼 한량없이 많습니다.
이에따라 생겨나는 이법문의 과보역시
헤아릴수 없을만큼 한량없이 많습니다.

①
거룩하신 부처님~ 거룩하신 부처님~
보살의길 가려하는 선남자와 선여인은
어떻게~ 발원하고 어떻게~ 수행하며
어떻게~ 자기마음 다스려야 하옵니까?
②
수보리~ 장로님~ 수보리~ 장로님~
보살의길 가려하는 선남자와 선여인은
'일체중생 열반으로 내가모두 제도한다'
이와같은 큰발원을 해야하는 것입니다.
③
이리하여 일체중생 열반으로 제도하되
중생제도 하였다고 생각하면 안됩니다.
④
수보리~ 장로님~ 자기중심 인간중심
중생중심 생명중심 생각하는 보살들은
참~된~ 보살이라 말할수가 없습니다.

⑤
수보리~ 장로님~ 그런생각 아니해야
참으로~ 보살의길 가고있는 것입니다.
⑥
수보리~ 장로님~ 어찌생각 하십니까?
과거연등 부처님을 모시고~ 있을때에
'다음생에 최고바른 깨달음을 이룰거라'
여래가~ 생각했다 말할수가 있습니까?
⑦
아닙니다 부처님~ 그리생각 않습니다.
제가지금 부처님의 말씀이해 하기로는
과거연등 부처님을 모시고~ 계실때에
'다음생에 최고바른 깨달음을 이룰거라'
부처님은 그렇게~ 생각않으 셨습니다.
⑧
수보리~ 장로님~ 참으로~ 옳습니다.
'다음생에 최고바른 깨달음을 이룰거라'

여래는~ 그렇게~ 생각아니 했습니다.
⑨
수보리~ 장로님~ 수보리~ 장로님~
'다음생에 최고바른 깨달음을 이룰거라'
여래가~ 그렇게~ 생각을~ 했더라면
과거연등 부처님이 여래에게 그당시에
'다음생에 석가모니 부처가될 것입니다'
이러한~ 수기를~ 안주셨을 것입니다.
⑩
'다음생에 최고바른 깨달음을 이룰거라'
여래가~ 그렇게~ 생각하지 않았기에
과거연등 부처님이 여래에게 그당시에
'다음생에 석가모니 부처가될 것입니다'
이러한~ 수기를~ 주시었던 것입니다.
⑪
수보리~ 장로님~ 부처라고 하는말은
모든것에 대하여서 여여하다 뜻입니다.[24]

⑫
수보리~ 장로님~ 수보리~ 장로님~
'최고바른 깨달음을 온전하게 이루었다'
여래가~ 이런생각 한다하는 사람들은
여래를~ 근거없이 비방하는 것입니다.
⑬
수보리~ 장로님~ 수보리~ 장로님~
'최고바른 깨달음을 온전하게 이루었다'
여래는~ 이런생각 조금도~ 않습니다.
⑭
수보리~ 장로님~ 여래는~ 깨달음을
이루고도 이루었다 생각하지 아니하고,
생각하지 않는다는 생각조차 아니하여
모든법을 깨달았다 말할수가 있습니다.
부처님법 깨달았다 말할수가 있습니다.

---

24 여여하다: 사실을 왜곡하지도 않고, 어떤 것에 걸려들지도 않으며, 있는 그대로 본다는 의미입니다.

⑮

수보리~ 장로님~ 일체모든 법들을~

깨닫고도 깨달았다 생각하지 아니해야

참으로~ 깨달았다 말할수가 있습니다.

⑯

수보리~ 장로님~ 수보리~ 장로님~

존귀함에 대하여서 말씀하여 보십시오.

⑰

거룩하신 부처님~ 거룩하신 부처님~

존귀하되 존귀하다 생각하지 아니해야

참으로~ 존귀하다 말할수가 있습니다.

⑱

수보리~ 장로님~ 보살들도 같습니다.

중생제도 하였다고 말을하는 보살들은

참~된~ 보살이라 말할수가 없습니다.

⑲

수보리~ 장로님~ 어찌생각 하십니까?

'나는이제 보살경지 온전하게 이루었다'

보살이~ 이런생각 한다할수 있습니까?

⑳

아닙니다 부처님~ 그런생각 아니해야

참~된~ 보살이라 말할수가 있습니다.

㉑

수보리~ 장로님~ 중생제도 하고서도

중생제도 하였다고 생각하지 아니해야

참으로~ 제도했다 말할수가 있습니다.

㉒

어떠한~ 경우라도 자기중심 인간중심

중생중심 생명중심 생각하면 안됩니다.

㉓

수보리~ 장로님~ 수보리~ 장로님~

불국토를 장엄했다 말을하는 보살들은

참~된~ 보살이라 말할수가 없습니다.

㉔

불국토를 장엄하되 장엄했다 아니해야

참으로~ 장엄했다 말할수가 있습니다.

㉕
수보리~ 장로님~ 수보리~ 장로님~
자기중심 생각들을 조금도~ 아니해야
참~된~ 보살이라 말할수가 있습니다.

18장: 다섯 가지의 눈

①

수보리~ 장로님~ 어찌생각 하십니까?

여래는~ 육신의눈[25] 가지고~ 있습니까?

②

거룩하신 부처님~ 가지고~ 계십니다.

부처님은 육신의눈 가지고~ 계십니다.

③

수보리~ 장로님~ 어찌생각 하십니까?

여래는~ 하늘의눈[26] 가지고~ 있습니까?

④

거룩하신 부처님~ 가지고~ 계십니다.

부처님은 하늘의눈 가지고~ 계십니다.

⑤

수보리~ 장로님~ 어찌생각 하십니까?

여래는~ 지혜의눈[27] 가지고~ 있습니까?

---

25 육신의 눈: 인간들이 일반적으로 가지고 있는 눈을 말합니다.

26 하늘의 눈: 하느님들이 가지고 있는 눈으로, 육신의 눈의 기능은 물론이려니와 공간적 제약을 받지 않는 눈을 말합니다.

27 지혜의 눈: 하늘의 눈의 기능은 물론이려니와 현재의 것을 보고 과거인연까지 알 수 있는 눈을 말합니다.

⑥

거룩하신 부처님~ 가지고~ 계십니다.

부처님은 지혜의눈 가지고~ 계십니다.

⑦

수보리~ 장로님~ 어찌생각 하십니까?

여래는~ 법의눈을[28] 가지고~ 있습니까?

⑧

거룩하신 부처님~ 가지고~ 계십니다.

부처님은 법의눈을 가지고~ 계십니다.

⑨

수보리~ 장로님~ 어찌생각 하십니까?

여래는~ 부처의눈[29] 가지고~ 있습니까?

⑩

거룩하신 부처님~ 가지고~ 계십니다.

부처님은 부처의눈 가지고~ 계십니다.

⑪

수보리~ 장로님~ 어찌생각 하십니까?

---

28 법의 눈: 모든 현상의 진상을 잘 알 수 있는 눈을 말합니다.

29 부처의 눈: 최고의 바른 깨달음을 이룬 부처님들만이 가질 수 있는 눈 혹은 관점을 말합니다.

'강가강에 있는모든 모래알과 같은수~'
여래가~ 이런말을 했던적이 있습니까?
⑫
거룩하신 부처님~ 하신적이 있습니다.
부처님은 그런말씀 하신적이 있습니다.
⑬
수보리~ 장로님~ 어찌생각 하십니까?
강가강에 있는모든 모래알과 같은수의
강가강의 모래수의 세계들은 많습니까?
⑭
많습니다 부처님~ 매우매우 많습니다.
⑮
수보리~ 장로님~ 그모든~ 세계안의
모든중생 모든마음 여래는~ 다압니다.
⑯
마음들을 알면서도 실체라고 아니해야
참으로~ 안다고~ 말할수가 있습니다.
⑰
수보리~ 장로님~ 수보리~ 장로님~

과거의~ 마음에도 걸리면~ 아니되고
미래의~ 마음에도 걸리면~ 아니되며
현재의~ 마음에도 걸리면~ 안됩니다.

①

수보리~ 장로님~ 어찌생각 하십니까?

삼천대천 세계만큼 금은보화 보시하는

사람들이 짓게되는 복덕들은 많습니까?

②

많습니다 부처님~ 매우매우 많습니다.

③

수보리~ 장로님~ 수보리~ 장로님~

많은복을 짓더라도 지었다고 생각하면

제대로~ 지었다고 말할수가 없습니다.

④

복짓고도 지었다고 생각하지 아니해야

참으로~ 지었다고 말할수가 있습니다.

20장: 형상과 상호

①

수보리~ 장로님~ 어찌생각 하십니까?

부처님의 거룩한~ 형상들을[30]다갖추면

부처라고 말할수가 있다생각 하십니까?

②

아닙니다 부처님~ 부처형상 갖췄다고

반드시~ 부처라고 말할수는 없습니다.

③

부처형상 갖추고도 갖추었다 아니해야

참으로~ 갖추었다 말할수가 있습니다.

④

수보리~ 장로님~ 어찌생각 하십니까?

부처님의 거룩한~ 상호들을[31]다갖추면

부처라고 말할수가 있다생각 하십니까?

⑤

아닙니다 부처님~ 부처상호 갖췄다고

---

30 부처 형상: 부처님의 시각적 특징들을 말합니다.

31 부처 상호: 부처님의 여러 가지 특징들, 즉 32상과 80종호를 말합니다.

반드시~ 부처라고 말할수는 없습니다.
⑥
부처상호 갖추고도 갖추었다 아니해야
참으로~ 갖추었다 말할수가 있습니다.

반드시~ 부처라고 말할수는 없습니다.

①
수보리~ 장로님~ 어찌생각 하십니까?
'부처님의 거룩한법 널리전해 주었다고'
여래가~ 생각한다 말할수가 있습니까?
②
아닙니다 부처님~ 그리생각 않습니다.
③
수보리~ 장로님~ 참으로~ 옳습니다.
'부처님의 거룩한법 널리전해 주었다고'
여래가~ 생각한다 말을하는 사람들은
여래를~ 근거없이 비방하는 것입니다.
④
수보리~ 장로님~ 부처님의 법을널리
전하고도 전하였다 생각하지 아니해야
참으로~ 전하였다 말할수가 있습니다.
⑤
거룩하신 부처님~ 거룩하신 부처님~

미래에도 이법문을 믿을중생 있습니까?
⑥
수보리~ 장로님~ 수보리~ 장로님~
이법문을 아니믿는 중생들을 보면서도
아니믿는 중생이라 생각하면 안됩니다.
⑦
수보리~ 장로님~ 중생들을 보면서도
중생들을 실체라고 생각하지 아니해야
참으로~ 본다고~ 말할수가 있습니다.

22장: 최고 바른 깨달음

①

수보리~ 장로님~ 어찌생각 하십니까?

'최고바른 깨달음을 온전하게 이루었다'

여래가~ 이런생각 한다할수 있습니까?

②

아닙니다 부처님~ 그리생각 않습니다.

'최고바른 깨달음을 온전하게 이루었다'

부처님은 그런생각 조금도~ 않습니다.

③

수보리~ 장로님~ 참으로~ 옳습니다.

'최고바른 깨달음을 온전하게 이루었다'

여래는~ 이런생각 조금도~ 아니해서

참으로~ 이루었다 말할수가 있습니다.

23장: 차별하지 않음

①

수보리~ 장로님~ 수보리~ 장로님~

차별하지 아니하고 평등하게 생각해야

최고바른 깨달음을 이룰수가 있습니다.

②

수보리~ 장로님~ 자기중심 인간중심

중생중심 생명중심 생각하지 아니하고

일체모든 법들을~ 온전하게 닦았어야

최고바른 깨달음을 이룰수가 있습니다.

③

수보리~ 장로님~ 수보리~ 장로님~

법들을잘 닦았어도 닦았다고 아니해야

참으로~ 닦았다고 말할수가 있습니다.

①
수보리~ 장로님~ 삼천대천 세계안의
가장큰산 수미산을 전부합친 것만큼의
금은보화 보시하는 사람들이 짓는복은
이법문의 사구게를 하나라도 받아지녀
독송하며 널리널리 전해주는 사람들이
짓는복에 비교하면 백분의일 천분의일
만억분의 일에조차 미치지~ 못합니다.
숫자로는 비교조차 할수가~ 없습니다.

①

수보리~ 장로님~ 어찌생각 하십니까?

'중생해탈 시켰다고 여래가~ 생각한다'

이렇게~ 말할수가 있다생각 하십니까?

수보리~ 장로님~ 그리생각 마십시오.

여래는~ 그런생각 조금도~ 않습니다.

②

중생해탈 시켰다고 여래가~ 생각하면

여래도~ 자기중심 인간중심 중생중심

생명중심 생각들을 하고있는 것입니다.

③

수보리~ 장로님~ 자기중심 생각보되

그생각을 실체라고 생각하면 안됩니다.

범부들만[32] 그렇게~ 생각하는 것입니다.

④

수보리~ 장로님~ 범부들을 보면서도

---

32 범부: 지혜가 얕고 우둔한 사람들을 말합니다.

범부들을 실체라고 생각하지 아니해야
참으로~ 본다고~ 말할수가 있습니다.

범부들을 실체라고 생각하지 아니해야
참으로~ 본다고~ 말할수가 있습니다.

①
수보리~ 장로님~ 어찌생각 하십니까?

부처님의 거룩한~ 상호들을 다갖추면

부처라고 말할수가 있다생각 하십니까?

②
아닙니다 부처님~ 부처상호 갖췄다고

반드시~ 부처라고 말할수는 없습니다.

③
수보리~ 장로님~ 참으로~ 옳습니다

장로님의 말씀대로 부처상호 갖췄다고

반드시~ 부처라고 말할수는 없습니다.

④
부처상호 갖췄다고 부처라고 말한다면

전륜왕도[33] 부처라고 하여야할 것입니다.

⑤
거룩하신 부처님~ '부처상호 갖췄다고

---

33 전륜(성)왕: 하늘로부터 받은 윤보를 굴리면서 세상을 아주 평화롭게 잘 통치하는 이상적인
　　왕을 말합니다.

반드시~ 부처라고 말할수는 없다라는'
부처님의 말씀더잘 이해하게 됐습니다.
⑥
이때에~ 부처님이 게송부르 셨습니다.

　　　형상으로 부처님을 보려하거나
　　　음성으로 부처님을 찾으려하면
　　　옳지않은 길을가고 있기때문에
　　　부처님을 만나뵐수 없게됩니다.
⑦
　　　부처님은 법성으로 봐야합니다.
　　　부처님은 법신으로 나타납니다.
　　　부처님을 인식으로 찾으려하면
　　　부처님을 찾을수가 없게됩니다.

27장: 생각이 끊어져서는 안 됨

①
수보리~ 장로님~ 어찌생각 하십니까?
'여래는~ 부처상호 다갖추고 있으니까
최고바른 깨달음을 온전하게 이루었다'
그렇게~ 말할수가 있다생각 하십니까?
②
수보리~ 장로님~ 그리생각 마십시오.
'여래는~ 부처상호 다갖추고 있으니까
최고바른 깨달음을 온전하게 이루었다'
누구도~ 그렇게~ 말할수가 없습니다.
③
수보리~ 장로님~ 수보리~ 장로님~
보살의길 가고있는 사람들도 생각들이
끊어지고 없어질수 있다생각 마십시오.
④
보살의길 가고있는 사람들은 생각들이
끊어지지 아니하고 없어지지 않습니다.

28장: 복덕에 걸리지 않음

①
수보리~ 장로님~ 수보리~ 장로님~
강가강의 모래수와 같은세계 채울만큼
금은보화 보시하는 사람짓는 복보다도
자기중심 생각에서 완전하게 벗어나신
보살들이 짓는복이 훨씬더~ 많습니다.
②
수보리~ 장로님~ 참~된~ 보살들은
지은복을 누리려고 생각하지 않습니다.
③
거룩하신 부처님~ 어떻게~ 하는것이
지은복을 누리려고 생각않는 것입니까?
④
수보리~ 장로님~ 수보리~ 장로님~
복짓고도 지었다고 생각하지 아니해야
지은복을 누리려고 생각않는 것입니다.

①

수보리~ 장로님~ 수보리~ 장로님~

"부처님은스스로~ '와서있다 가서있다

멈춰있다 앉아있다 누워있다' 생각한다"

이런말을 하는사람 여래가~ 하는말을

제대로~ 이해한다 말할수가 없습니다.

②

와있다는 생각에도 걸리지~ 아니하고

가있다는 생각에도 걸리지~ 아니해야

참~된~ 부처라고 말할수가 있습니다.

①

수보리~ 장로님~ 선남자와 선여인이
삼천대천 세계부숴 티끌로~ 만든다면
어찌생각 하십니까 티끌수는 많습니까?

②

많습니다 부처님~ 그렇지만 말씀하신
티끌들을 보더라도 실체라고 생각하면
제대로~ 본다고~ 말할수가 없습니다.

③

티끌들을 보면서도 실체라고 아니봐야
참으로~ 본다고~ 말할수가 있습니다.

④

거룩하신 부처님~ 거룩하신 부처님~
삼천대천 세계보되 실체라고 아니봐야
참으로~ 본다고~ 말할수가 있습니다.

⑤

삼천대천 세계들을 실체라고 생각하면

일합상에 걸려있다 말할수가 있습니다.
⑥
일합상을 보면서도 실체라고 아니봐야
참으로~ 본다고~ 말할수가 있습니다.
⑦
수보리~ 장로님~ 수보리~ 장로님~
일합상을 실체라고 생각하면 안됩니다.
범부들만 그렇게~ 생각하는 것입니다.

①
수보리~ 장로님~ 자기중심 인간중심
중생중심 생명중심 편견에서 벗어나라
설법하여 주었다고 여래가~ 생각한다
이런말을 하는사람 어찌생각 하십니까?
옳은말을 하고있다 말할수가 있습니까?
②
아닙니다 부처님~ 그리생각 않습니다.
옳은말을 하고있다 말할수가 없습니다.
③
자기중심 인간중심 중생중심 생명중심
편견에서 벗어나라 부처님은 설법하되
설법하여 주었다고 생각하지 아니하여
참으로~ 설법했다 말할수가 있습니다.
④
수보리~ 장로님~ 수보리~ 장로님~
참으로~ 보살의길 가려하는 사람들은

모든것을 있는대로 온전하게 알고보며
있는대로 믿고이해 해야하는 것입니다.
법중심~ 생각에도 걸리면~ 안됩니다.
⑤
수보리~ 장로님~ 수보리~ 장로님~
법중심~ 생각보되 실체라고 아니봐야
참으로~ 본다고~ 말할수가 있습니다.

①
수보리~ 장로님~ 수보리~ 장로님~
헤아릴수 없이많은 무량세계 채울만큼
금은보화 보시하는 사람짓는 복보다도
이법문의 사구게를 하나라도 받아지녀
독송하며 널리널리 전해주는 사람들이
짓게되는 복덕들이 훨씬더~ 많습니다.

②
어떻게~ 전해줘야 하는지를 아십니까?
전하여~ 주었다고 생각하지 아니해야
참으로~ 전해줬다 말할수가 있습니다.

③
보고듣는 일체모든 삼라만상은
별허깨비 등불환영 이슬과거품
꿈과번개 구름처럼 지나갑니다.
모든것을 이와같이 봐야합니다.

④
부처님이 이법문을 모두모두 마치시니,
수보리~ 장로님과 남자스님 여자스님
남자신도 여자신도 보살님들 모든세상
하느님과 사람들과 아수라와 건달바가
부처님의 설법듣고 매우매우 기뻐하며
믿고지녀 받들어~ 행하기로 했습니다.

- 즐겁게 부르자 행복의 노래 ① 가사체 금강경 끝 -

용어 해설

불교佛敎   나쁜행동 하나라도 않겠습니다.   諸惡莫作(제악막작)

            착한행동 빠짐없이 하겠습니다.   衆善奉行(중선봉행)

            깨끗하고 맑은마음 갖겠습니다.   自淨其意(자정기의)

            이세가지 일곱부처 불교입니다.   是諸佛敎(시제불교)

            (법구경 여래품)

독송용에 꼭 필요한 용어에 대해서 최소한의 해설만을 제시합니다. 자세한 용어해설은 다른 자료를 참고하시기 바랍니다.

가리왕: 아주 옛날 어떤 왕이 있었습니다. 어느 날 왕은 궁녀들과 함께 교외로 나가 놀다가 잠이 들었습니다. 왕이 잠이 든 사이에 궁녀들은 사방으로 흩어져 꽃을 보며 놀았습니다. 한 궁녀가 어떤 인욕선인을 보고 설법을 청했습니다. 인욕선인은 설법을 했고, 잠에서 깨어나 이 광경을 본 왕은 시기와 질투를 가누지 못해 인욕선인의 귀, 코, 손, 발을 차례로 잘랐습니다. 이때의 인욕선인이 후세의 석가모니 부처님이었습니다. 이 잔인한 행동으로 인하여 가리왕이라는 이름이 생겨난 것입니다. '가리'라는 말은 잔혹하다는 뜻입니다.

강가강: ①인도 현지에서는 강가강이라고 합니다. ②영어권에서는 갠지스강이라고 합니다. ③중국 한자어에 대해 중국인들은 강가강이라고 합니다. ④'중국 한자어에 대해 한국에서만 항하'라고 읽었습니다. 따라서 '강가강'이라고 하는 것이 적절합니다.

겁劫: ①매우 긴 세월의 단위입니다. ②범천의 하루, 즉 인간세계의 사억삼천이백만 년을 말하기도 합니다. ③개자겁; 둘레 40리의 성에 개자를 가득 채운 후 3년마다 한 알씩 가지고 가서, 개자가 없어질 때까지의 시간을 말하기도 합니다. ④반석 겁; 둘레가 40리 되는 돌을 하느님들이 입는 매우 가벼운 비단 옷으로 3년마다 한 번씩 스쳐 지나가서, 돌이 전부 닳아 없어질 때까지의 시간을 말하기도 합니다.

게송偈頌: 일반적으로 찬양하고 찬탄하는 노래를 말합니다. 그러나 설법내용을 시적으로 표현하는 경우도 게송이라고 합니다.

공사상: "나쁜 행동 하나라도 하지 마시고, 착한 행동 빠짐없이 모두 하시고, 깨끗하고 맑은 마음 가지십시오"가 불교의 정의입니다. 앞의 둘을 전제로 해서 깨끗한 마음을 갖는 것이 공함입니다.

기원정사: 중인도 사위성에서 남쪽으로 2킬로미터 정도 떨어져 있으며, 부처님과 스님들이 설법하고 수도할 수 있도록 수달장자가 기증한 7층 가람으로 매우 웅장하였다고 합니다. 그러나 당나라 현장이 그곳을 순례하던 때에 이미 황폐화되어 있었다고 합니다.

대승: 초기불교를 하는 사람들을 "타인 혹은 다른 생명체에 대한 배려가 부족하다"고 비난하고, 그들을 소승이라고 하면서 나타난 불교운동을 말합니다.

말법: 부처님이 세상을 떠난 후 부처님의 가르침이 쇠퇴해 가는 과정을 크게 세 단계로 나누었습니다. 부처님의 가르침이 비교적 그대로 살아 있는 시기를 정법시대, 진리를 체득한 사람은 거의 없고 가르침만 전해지는 상법시대, 가르침 마저도 희미해져 버리는 말법시대로 나누었습니다.

반야般若바라밀: 최상의 지혜를 말합니다. 반야를 얻어야 성불하며 반야를 얻은 이는 부처이므로 반야는 모든 부처의 스승 또는 어머니라고 합니다. 간단히 말해서 속세의 지혜와 구분되는 참으로 바른 지혜를 말합니다. 바라밀의 의미는 완성입니다.

발원發願: 극락세계를 건설하여 중생을 구제하려고 하거나 착한 일을 하려는 마음을 일으키는 것을 말합니다. 특히, 모든 중생이 완전히 성불하여 영원히 지옥을 없애겠다는 지장보살님의 발원을 중요시합니다.

범부凡夫: 지혜가 얕고 우둔한 중생을 말합니다. 올바른 이치를 깨닫지 못한 사람은 모두 범부라고 합니다. 원래의 의미는 보통 사람이라는 의미였으나, 보통 사람을 선남선녀 혹은 선남자 선여인이라고 하게 되면서 범부는 부정적인 의미로 쓰이게 된 것 같습니다.

법法: 부처님의 가르침을 말하는 경우가 대부분입니다. 그러나 개인이 생각하는 '나름대로의 진리'도 법이라고 합니다. 따라서 경전에서의 법은 진리라는 긍정적 의미와 분별심이라는 부정적 의미를 동시에 내포하게 됩니다.

법의 눈(法眼): 일체 법을 분명하게 비춰보는 눈을 말합니다. 보살은 이 눈으로 모든 법의 진상을 잘 알고 중생을 제도합니다.

보살: 보리살으바 혹은 보리살타菩提薩埵의 준말입니다. 성불하기 위하여 수행에 힘쓰는 이의 총칭으로 쓰이기도 하며 넓은 의미로는 대승불교에 귀의한 사람 모두를 말하기고 합니다.

보시: 다른 이에게 어떤 것을 베풀어 주는 것을 말합니다. 보시에는 재시, 법시, 무외시가 있습니다. 재시는 재물을 베풀어주는 것을 말하고, 법시는 부처님의 법을 전해주는 것을 말하고, 무외시는 두려움을 없애주는 것을 말합니다.

복: 세 가지 의미가 있습니다. 착한 일을 하여 복을 짓는다는 의미, 다른 하나는 지은 복이 있으므로 인연법에 따라 받을 복이 있다는 의미, 마지막으로 복을 누리고 있다는 의미가 있습니다.

부처의 눈: 최고의 바른 깨달음을 이룬 부처만이 가질 수 있는 눈 혹은 관점을 말합니다.

사구게: 네 구절 정도의 시 혹은 게송을 말합니다. 그러나 때로는 경전 중의 매우

중요한 짧은 글을 의미하기도 합니다.

삼천대천세계三千大千世界: 세계는 인간이 인식할 수 있는 우주를 말합니다. 소천세계는 세계의 1,000배가 되는 세계이며, 중천세계는 다시 소천세계의 1,000배, 대천세계는 다시 중천세계의 1,000배가 되는 세계를 말합니다. 따라서 하나의 대천세계는 '세계의 1,000,000,000배가 되는 세계'를 의미하며, 삼천대천세계는 다시 대천세계의 1,000,000,000배 세계이므로, 세계의 1000,000,000,000,000,000배 되는 세계를 말합니다.

상호相好: 서른둘의 거룩한 상, 즉 32상相과 세부 모습인 80종호種好를 말합니다.

서른둘의 거룩한 상: 일반사람에 비해 부처님이 되면 가지게 되는 32가지의 거룩한 모습을 말합니다. 부처님이 아닌 전륜성왕도 꼭 같은 32상을 가지고 있으므로 이것만으로 부처님을 알아볼 수는 없습니다.

수미산: 세계의 중앙인 금륜 위에 우뚝 솟은 높은 산을 말합니다. 둘레에 7산 8해가 있고 철위산이 둘러 있어 물속에 잠긴 것이 8만 유순이고, 물위에 드러난 것이 8만 유순이며, 꼭대기에는 제석천이 있고, 산 중턱에는 사왕천이 있습니다.

아수라阿修羅: 원래는 장난을 좋아하는 신으로 등장하였습니다. 장난을 좋아하는 것을 싸우기를 좋아하는 것으로 오해하여 나쁜 귀신으로 생각하기도 합니다. 이제는 무서운 귀신으로까지 인식되게 되었습니다.

아승기阿僧祇: 인도에서 사용하는 매우 큰 수數의 단위입니다. 범어로는 아승기인데 일부에서는 '아승지'라 하기도 합니다.

육성취六成就: 다이아몬드 육하원칙을 말합니다.

육신의 눈: 보통 인간들이 가지고 있는 일반적인 눈을 말합니다. 많은 것을 보기도 하지만, 시간적·공간적 제약을 받습니다.

육하원칙: 전통적으로 육성취六成就라고 하였습니다. 부처님의 말씀에 따라 모든 경전은 원칙적으로 ①누가 ②누구와 ③언제 ④어디서 ⑤어떻게 하는 것을

⑥누가 듣고 보았는지의 다이아몬드 육하원칙(육성취)으로 시작되어야 합니다. 폐기된 육하원칙은 "언제, 어디서, 누가, ~~무엇을~~, 어떻게, ~~왜~~"였는데, 이 중에서 "왜"는 과학적으로 영원히 밝힐 수 없다는 것이 확인되었고, "무엇"은 "어떻게"에 포함되어 있는 사항입니다. 최근 언론에서도 소위 기사 실명제라는 것이 도입되면서, "누가 듣고 보았는지?"가 관심의 초점이 되고 있습니다. 또 "누구와"도 매우 중요합니다. 따라서 불교에서 말하는 육성취, 즉 불교 육하원칙이 다이아몬드 육하원칙입니다. 그런데 필자가 본 한글 불경의 경우, 전부 "이와 같이 나는 들었다", 혹은 이와 유사한 형태로 시작되고 있었습니다. 이는 명백히 잘못입니다. "1,250명"이라는 사실은 분명히 결집자들이 직접 본 것입니다. 육성취는 한 문장에 들어 있어야 합니다. ①누가 ②누구와 ③언제 ④어디서 ⑤어떻게 하시는 것을 ⑥누가 직접 듣고 직접 보았는가?의 불교 육성취가 다이아몬드 육하원칙입니다.

장로長老: 지혜와 덕이 높은 사람을 말합니다.

전륜성왕: 몸에 32상을 갖추고 있으며, 즉위할 때에는 하늘로부터 윤보를 받고 이 윤보를 굴리면서 사방을 위엄으로 굴복하게 하므로 전륜왕 혹은 전륜성왕이라 합니다.

전생지은 죄업: 죄를 지으면 업보를 '죄를 짓는 금생'에서 거의 다 받지만, 일부는 다음 생에서 받을 수도 있습니다. 받는 생에서 보면 전생죄업이 됩니다.

중생衆生: 육도(하늘, 인간, 아수라, 축생, 아귀, 지옥)를 윤회하는 생명체를 통칭하는 말입니다.

지혜의 눈(慧眼): 하늘의 눈의 기능은 물론이려니와 현재의 것을 보고 과거인연을 전부 알 수 있는 눈을 말합니다.

차별: 누구는 어떠어떠해서 존귀하고 누구는 어떠어떠해서 비천하다는 식의 존재 자체를 차별적으로 생각하는 것을 말합니다.

최상승: 초기불교에 대해 수행이 낮은 사람이 따르는 길이라고 하여 소승이라고

폄하하면서 자신들은 수행이 높아서 남을 배려하는 힘이 크다고 주장하는 대승불교가 출현하였고, 다시 대승불교를 비판하는 보살승 혹은 최상승이 출현하였습니다.

탁발: 수행자들이 먹을 것이나 재물을 구하러 다니는 행동을 말합니다. 탁발을 하는 이유는 가장 간단한 생활을 표방하기 위한 것입니다. 또한 아집이나 아만을 없애고 보시하는 이의 복덕을 길러주는 행동이기도 합니다.

하느님: 하늘나라에 사는 중생들을 말합니다. 하늘의 복이 다하면 다시 육도의 다른 길을 가게 되므로 아직 중생입니다.

하늘의 눈(天眼): 인간 육신의 눈의 기능은 물론이려니와 하느님들이 가지고 있는 눈, 즉 공간적 제약을 받지 않는 눈을 말합니다. 하늘의 눈이 있는 하느님은 땅 속이나 바다 속 혹은 하늘 구석구석을 볼 수 있습니다.

합장: 두 손바닥을 마주하여 가슴 앞에 두는 행동을 말합니다. 모든 종교에서 가장 거룩한 행동으로 간주합니다. 그런데 불교에서는 일반 사람에 대해서도 합장을 합니다. 특히 손가락만 합치고 손바닥은 합치지 않는 것은 마음이 거만하고 생각이 흩어졌기 때문이라고 보아 꺼립니다.

역자 발문

역자는 심리학 교수, 상담심리사, 심리치료사, 정서·행동 장애아 교육학자입니다. 서양 이론들의 한계를 극복하고 동양의 지혜를 심리상담에 접목시키기 위해 20대 중반에 금강경으로 동양탐색을 시작하여 60대 중반인 이제야 '제 스스로 만족하는 금강경 번역'을 제시할 수 있게 되었습니다. 금강경을 독송하던 중, 필자는 '근원도 알 수 없는, 나 자신의 저 깊고 깊은 곳에서 생명의 빛이 흘러나오는 것'을 발견했습니다. '나와 모든 생명이 함께 하는 빛, 생명의 빛'이 나의 깊은 곳에서 나오고 있었습니다. 나의 웃음 속에 묻어 있던 공허함은 급격히 감소되고 나의 웃음은 더 우렁차게 되었습니다. 여러 신비체험들은 감히 여기에 싣지 않겠으나, 날씨와는 무관하게 밖에서 불어오는 법풍(法風, 진리의 바람)은 필자의 몸과 마음을 지금도 가끔씩 시원하게 해 주고 있습니다. 상담심리학자로서의 필자는 '남을 위한 행복훈련'의 작은 집에서 벗어나 '나와 남을 함께 행복나라로 안내하는 진정한 행복훈련자'가 되어 가고 있습니다.

고맙습니다.
역자가 부처님 말씀을 번역하여 출간할 수 있게 된 배경에는 너무나 많은 분들의 은혜가 있었습니다.
 첫 고마움은 아무래도 용성 스님이나 동국역경원, 불교진흥원을 비롯하여 많은 불경 번역가들에게 전해야 할 것 같습니다. 중국인들조차 거의 읽지 못하는 고대 중국한어를 번역하느라 참으로 수고하셨습니다.

둘째 고마움은 안형관 선배님과 강수균 선배님을 비롯한 화화회(화엄경과 화이트 헤드를 연구하는 모임) 회원들에게 드려야 할 것 같습니다. 사독비나 회의비는커녕 식사비조차도 각자 지참하면서 15년이 넘는 세월 동안 매주 몇 시간씩 원고를 교정해주고 가르쳐주신 두 분 선배님과 강태진, 전영숙, 김정자, 김정옥, 박호진, 조현재, 이근배, 왕가년, 송위덕, 최경희, 이희백, 정기언, 최명식, 권현용, 박정숙, 황경열, 최송실, 김남희, 박현조, 김연지, 고원자, 전태옥, 이경순 회원님들을 비롯한 많은 회원들에게 깊은 감사를 드립니다. 불교에 대해서 참으로 해박한 지식을 가지고 계시면서 가려운 곳을 긁어주고 모자라는 곳을 채워준 김남경 교수님에게 특히 심심한 감사를 드립니다.

셋째 고마움은 무비 스님께 올려야 할 것 같습니다. 천진난만하시며(?), 대자대비에도 걸리지 않으시는 '살아계시는 대 성현의 모습'을 보여주시고, 자상한 가르침을 베풀어주셨습니다. 첫 금강경에 대해서는 감수를 해주셨고, 지금은 공역자의 자리에까지 내려와 주셨습니다. 황송하고 황망할 뿐입니다. 참으로 고맙습니다.

출간을 허락해 준 출판사에도 감사를 드립니다. 사전에 연락만 주시면 무비 스님과 필자가 번역한 모든 경전들은 사찰이나 다른 출판사의 신행수첩, 법요집, 해설집, 불교의식집, 불교성전 등에 무료로 활용할 수 있도록 해 드리겠습니다. 협조해 주신 출판사에 진심으로 감사드립니다.

교육자와 상담심리사들에게

서양인들조차도 '동양정신문화－서양물질문명'을 인정합니다. 서양 상담심리사의 반 이상이 동양을 주 전공으로 하고 있습니다. 동양 정신은 원칙적으로 불교에 있고, 불교의 가장 핵심사상은 금강경입니다. 모든 교육자나 상담심리사는 반드시 매주 한 번씩은 이 가사체 금강경을 독송해야 합니다.

이유는 명확합니다. '인류 역사상 온몸에서 빛이 나고 향기가 나는 분들'은 거의 전부가 금강경을 독송하였고, 금강경 독송을 권유하고 있고, 가사체 금강경은 현대어로 가장 잘 번역한 금강경이기 때문입니다. 자기 종교를 이유로 금강경 독송을 거부하는 사람은 '자신은 마약을 하면서 청소년 지도를 하는 사람'과 조금도 다르지 않습니다.

대심거사 조현춘 합장

즐겁게 부르자 행복의 노래 ① ② ③

① 가사체 금강경	② 가사체 반야심경(사경집)	③ 가사체 부모은중경

동양에는 자비, 도덕, 윤리 등의 정신문화가 있었습니다. 서양에는 전쟁, 공포, 핵무기가 있었습니다. 동양정신문화에는 불교 유교 도교가 있으나 대표는 역시 불교입니다. 불교에는 8만4천의 법문이 있으나 대표는 역시 금강경입니다. 그동안 금강경 판독이 어려워 대부분의 한국 사람들은 천년도 더 된 고대 중국어로『금강경』을 공부했습니다. 이제 화화회(화엄경과 화이트헤드 연구회) 회원님들의 도움과 무비스님의 지도로 거의 완벽하게 판독하였으며, 다시 한국인의 정서에 맞도록 4-4-4-4체, 즉 가사체로 번역하였습니다. 동양정신을 알고 싶으면, 그리고『금강경』을 통해서 빛이 나고 향기가 나는 성현의 길을 가고 싶으면 1,000독만 해 보십시오. 부디 성현의 길을 가시기를 기도합니다.

손오공으로 유명한『서유기』의 현장 삼장법사님께서 인도에서 가져온 경전 중에서 가장 아낌을 받는 경전입니다. 그러나 현장법사님께서 가져 오신『반야심경』은 약본입니다. 광본을 제대로 보지 못한 번역가들이 자기 식대로 번역한 한글 반야심경이 많습니다. 광본을 참고하여 특히 설주를 제대로 밝히고, 논리적 연결을 발견하여 제대로 번역하였습니다.『가사체 금강경』과 마찬가지로 한국인의 정서에 맞도록 4-4-4-4체, 즉 가사체로 번역하였습니다. 진언도 글자 수에 맞추어 번역하였으며, 범음을 그대로 재현하였습니다. 부처님의 육성을 들으시고 모두 반야의 나라, 깨달음의 나라, 고통이 전혀 없는 행복의 나라로 가시기를 기도합니다.

동서고금의 도덕 중에 효도보다 더한 도덕은 없을 것입니다. 그러나 일부 공포, 공갈, 협박 종교들에서는 부모에 대한 효도보다도 자기 자신들의 신이나 하느님 혹은 하나님을 더 중요시하기도 하며, 인간 존엄성을 부정하기도 합니다. 최근에 와서 생명을 경시하고, 부모 형제를 경시하고, 자신의 생명까지도 경시하는 풍조가 만연합니다. 동서고금에서 효도에 대해서 쓴 책 중에서『부모은중경』보다 더 멋진 책은 없습니다.『가사체 금강경』과 마찬가지로 한국인의 정서에 맞도록 4-4-4-4체, 즉 가사체로 번역하였습니다. 효를 살리고, 생명의 가치를 살리고 진정한 행복·진정한 즐거움을 위해서『은중경』을 매주 한 번씩은 꼭 독송하시기를 기도합니다.

'한글 세대를 위한 독속용 경전'

1권 지장경	2권 관음경	3권 불유교경
1. 도리천 하늘	1. 다이아몬드 육하원칙	1. 다이아몬드 육하원칙
2. 지장 보살님의 분신들	2. 칠난	2. 계율
3. 중생들의 업보	3. 삼독	3. 마음
4. 죄업의 끈질김	4. 복덕	4. 음식
5. 지옥	5. 설법방편	5. 수면
6. 부처님의 찬양 찬탄	6. 중간결론	6. 분노
7. 천도재의 의의	7. 게송	7. 교만
8. 귀신들의 역할	8. 무진의 보살님의 찬탄	8. 아첨
9. 염불의 공덕	9. 총결론	9. 욕심
10. 보시 공덕		10. 만족
11. 땅의 신		11. 안거
12. 지장 보살님의 위신력		12. 정진
13. 사람과 하느님을 부촉함		13. 염
		14. 선정
		15. 지혜
		16. 희론
		17. 공덕
		18. 의심해결
		19. 제도
		20. 법신과 육신
		21. 부촉

4권 백팔대참회문	5권 금강경
1. 백팔참회	1. 법회가 열린 인연
2. 장엄염불	2. 수보리의 청법
3. 정근	3. 대승의 바른 종지
4. 이산혜연선사 발원문	4. 걸림 없는 보시
5. 경허선사 참선곡	5. 참된 부처
6. 회심곡	6. 바른 믿음
7. 무상계	7. 걸리지 않음
8. 영가법문	8. 최고의 바른 깨달음
	9. 한 생각에도 걸리지 않음
	10. 정토의 장엄
	11. 참으로 큰 복
	12. 바른 가르침을 존중함
	13. 이 경을 지니는 법
	14. 분별에서 벗어난 적멸
	15. 이 경의 공덕
	16. 업장을 씻음
	17. 자기중심적 생각에서 벗어남
	18. 모두를 두루 봄
	19. 법계 모두를 교화함
	20. 상호에 걸리지 않음
	21. 전법에 걸리지 않음
	22. 깨달음에 걸리지 않음
	23. 차별적 생각이 없음
	24. 비교할 수 없이 큰 복
	25. 제도에 걸리지 않음
	26. 법신에 걸리지 않음
	27. 걸리지 않음에 걸리지 않음
	28. 복에 걸리지 않음
	29. 고요한 모습
	30. 일합상에 걸리지 않음
	31. 앎에 걸리지 않음
	32. 교화에 걸리지 않음

6권 아미타경	7권 보현행원품
1. 법회를 시작함	1. 서론
2. 극락세계의 존재	2. 열 가지 넓고 큰 행원
3. 보물 가로수와 연못과 연꽃	첫째 발원-부처님을 예배 공경함
4. 극락세계 중생들의 꽃 공양	둘째 발원-공덕장엄 찬양 찬탄함
5. 새와 나무의 설법	셋째 발원-부처님께 많이 공양함
6. 아미타 부처님의 공덕	넷째 발원-업장들을 모두 참회함
7. 극락왕생의 발원	다섯째 발원-남의 공덕 모두 따라 함
8. 수지독송의 공덕	여섯째 발원-설법하길 간절히 청함
9. 모든 부처님들의 권유	일곱째 발원-이 세상에 계시길 청함
10. 듣고 믿기를 권함	여덟째 발원-온 세상에 항상 전법함
11. 서로 칭찬함	아홉째 발원-모든 중생 평안하게 함
12. 포교와 제도	열째 발원-나의 공덕 모두 회향함
	3. 보현행원의 공덕
	4. 게송

8권 예불문·천수경	9권 일반법회	10권 매일 법회
1. 예불	1. 개회 선언	Ⅰ. 새벽예불
2. 천수경	2. 신행수칙	1. 삼업을 씻어내는 진언
3. 관세음 보살님 정근	3. 집회가	2. 도량석
4. 반야심경	4. 삼귀의	3. 새벽 종송
5. 의상조사 법성게	5. 찬양합시다	4. 장엄염불
6. 화엄경 약찬게	6. 예경	5. 아침 예경
7. 부설거사 사부시	7. 백팔참회	6. 아침 발원
8. 큰소리 염불의 열가지 공덕	8. 천수경	7. 신중단 예경
	9. 소의경전 등 경전 독송	
	10. 청법가	Ⅱ. 사시불공
	11. 입정	1. 모두에게 예경을 올리는 진언
	12. 설법	2. 사시예경
	13. 정근	3. 천수경
	14. 발원문	4. 청한 이유
	15. 불교 아리랑 등 찬불가	5. 공양 드시기를 청함
	16. 사홍서원	
	17. 신중단 예경	
	18. 공지사항	Ⅲ. 저녁 예불
	19. 산회가	1. 저녁 종송
		2. 저녁 예경
		3. 저녁 발원
		4. 신중단 예경

도움을 주신 후원자 스님들

이 름	권 수	이 름	권 수
무비 스님/공역자	1,000권	중원 스님/대법사	200권
미산스님/상도선원	300권		

도움을 주신 후원자 신도님들

이 름	권 수	이 름	권 수
인운·이수진	1,000권	권준모	200권
조현대·손영애	200권	정일영	300권
심공·원명덕	200권	보의·원각성·정화	200권
벽초·수련화	300권	이수경	200권
박마리아	200권	전은미	300권
무상월 손영순	200권	수인화 변정숙	200권
이남숙	200권	이해천	200권
김대진	300권	선성 길진호	300권
동행 장점식	300권	인명화 이인경	200권
서동익·이복식	200권	김수동·서수견	200권
김형진	100권	김주홍	100권
이춘자	100권	이해경	100권
김관용	100권	김순일	100권
차정자	100권	이영태	100권
장희정	100권	이민서	100권
이은서	100권	류갑경	100권
이정옥	100권	권오봉	100권
김정미	100권	백형진	300권
안정현	100권	감로정 정애경	300권
화화회	1,000권	자성화 백차남	300권
천홍은	100권	대심·보리행	1,000권

'즐겁게 부르자 행복의 노래 가사체 경전①②③'을
대량 구입 혹은 대량 보시하여 도움을 주신 후원자님들에게 고마운 마음을 전합니다.
이 인연공덕으로 많은 복덕 누리시고 성불하시기를 기원합니다.
길흉사(돌잔치, 생일잔치, 결혼식, 회갑잔치, 칠순잔치, 미수잔치와 49재, 소상, 대상)
혹은 기타 특별한 일(입학, 졸업, 취업, 퇴임)에 활용해 주시면 고맙겠습니다.
감사합니다.
가사체 금강경 독송회(신한은행 110-354-890749) 대심거사 조현춘(010-9512-5202) 합장

◉무비스님

• 조계종 교육원 (전)원장
• 조계종 종립 승가대학원 (전)원장
• 범어사에서 여환如幻스님을 은사로 출가
• 범어사 강주
• 통도사 (전)강주
• 다음 까페: 염화실 myhome.naver.com/kycmb
• 저(역)서: 당신은 부처님, 금강경 강의, 보현행원품 강의, 화엄경 강의, 법화경 강의, 화엄경(한글), 화엄경(현토)

◉대심거사 조현춘

• 가사체 금강경 독송회 회장
• 법륜불자교수회 (전)회장
• 대한문학치료학회 회장,
• 동서정신과학회 (전)회장,
• 한국정서행동장애아 교육학회 (전)회장
• 경북대학교 심리학과 교수
• 홈: 논문연구법.한국(chostudy.com)/다음 까페: 행복훈련원
• 조현춘 등 공저(역): 쉽고 재미있는 논문연구법. 심리상담과 치료의 이론와 실제, 심리상담과 치료의 기본 기술. 실험심리학.

◉미리 연락을 주시면 "즐겁게 부르자 행복의 노래 가사체 경전 3권"과 "한글세대를 위한 독송용 경전 11권"의 내용을 신행수첩, 법요집, 해설집, 불교의식집, 불교성전 등에 무료로 활용할 수 있도록 해 드리겠습니다.
대심거사 조현춘(010-9512-5202) 합장

즐겁게 부르자 행복의 노래 ❶ 가사체 금강경

초판 1쇄 발행 2012년 3월 27일 | 초판 5쇄 발행 2012년 6월 5일
공역 무비·조현춘 | 펴낸이 김시열
펴낸곳 도서출판 운주사 (136-034) 서울 성북구 동소문동 4가 270번지 성심빌딩 3층
　　　전화 (02) 926-8361 | 팩스 0505-115-8361
ISBN 978-89-5746-305-5 03220 　값 5,000원
http://cafe.daum.net/unjubooks 〈다음카페: 도서출판 운주사〉